與自己重逢的生命旅人

幾個關於跨性別人士的故事

性 別 空 間
Gender Empowerment

目 錄

CONTENT

由變裝、Cosplay至成為跨女

一段以衣服為起點的
性別認知過程

衣物時尚，由顏色、剪裁、圖案、物料，全部細節皆有深層意思，譬如，有人會形容牛仔布「很有美國西部風，很有陽剛味。」而性別，正是在社會中潛藏於衣飾的其中一種密碼。對於選衣這回事，Bonnie於青少年時期，便深感這是一種難而明言的課題。

在青少年時代，性別身份的自我質疑或許尚未明顯，但對女性造型這種具像化、可視化的追求，Bonnie很早已嘗試。早於小六、初中時，她對男性打扮早不太習慣。中二時，Bonnie第一次偷偷購買一條綠色格仔裙，「當時點敢諗啱唔啱著？！一買完就跑返屋企！」自始，Bonnie便陸陸續續購買女性服飾，偷藏在衣櫃裡，趁無人發現時穿著。後來父母終究還是發現了，慶幸是除了女性內衣外，雙親未太反感，Bonnie尚算可以閒時在家穿女裝。

成年的Bonnie，更開始獨自定期到專門替變裝者化妝的地方，空間雖然狹小，卻是她當時的釋放。在閱讀洪朝豐著作《繾綣男女》後，她彷如眼界大開，得知更多關於「變裝」的概念。2004年便從討論區認識，並開始參加了變裝者的群體聚會。每次聚會期間，參加者都可以坦然變裝，對於Bonnie來說，那是一段覺得可以「做回真我」身份的時刻，但就只有那一、兩個小時，便要回復平時打扮，一切如「常」。

不變裝，「裝」出教友眼中的所謂正常

直至十二年前，Bonnie在那一年定期參與教會聚會，亦向部份教友透露了自己有變裝的傾向。教友們都覺得Bonnie的變裝傾向是受「邪靈」影響。更有一位從事髮型師的弟兄，對Bonnie當時長頭髮、較為中性的打扮「睇唔順眼」，便提議幫她修剪。當時Bonnie以為只是小修小剪，「當時覺得自己應該能夠接受」，誰料這一剪，便是一半以上的髮量，亦剪去了Bonnie兩年來的心血，一種對自己身份的追求和認知。

Bonnie的新髮型短至耳仔，教友們都一致讚好，覺得「糾正」了她的問題，但她自己卻感到糟透了——每次照鏡子時，內心都充斥着「打回原形」的無盡失落。這段時期，她總過得很不開心，形容為「好似被人逼自己做根本唔想做嘅事。」這一年，她暫停參加變裝者的聚會，亦沒有變裝，但這一年，她自覺活得「好唔自在」。

Cosplay者不止扮演，而是展現真我

當時，Bonnie 亦因對動漫的興趣，開始接觸Cosplay（一種Costume Play：以服裝、化妝搭配出不同動漫角色）。的確，社會一般對Cosplay 較為接納，覺得只是一群動漫愛好者的嗜好活動。然而，對於Bonnie而言，Cosplay的意義遠不止於此。即使當時她同樣結識了喜愛cosplay女性角色的男性朋友，「對於其他男coser，佢哋係由男性出發去扮演女性。」可是對於Bonnie而言，她卻深明自己是以「女性」身份的心理去演繹動漫中的女性角色，「但我係變返做一位女性，先去扮演、演繹特定女性角色的神態、性格。」

同樣，因為Bonnie也認為社會對Cosplay遠遠不及對變裝、跨性別人士般抗拒。但Cosplay可以是她的一個比變裝更「正當」的窗口，這回不只是衣裝、舉止談吐，而是以整個女性身份去示人，是一個讓她稍稍喘息、做回真我的途徑。

獲得接納，才敢尋根究柢、探問內心

與此同時，她因緣際會參加了對性/別小眾友善的教會組織，從之前一個不斷責難自己的群體，轉至一個樂於擁抱多元的信仰小組。每每提起，Bonnie都十分慶幸這個團體出現於她生命中，更形容為「好感恩佢哋執返自己」。

在這個團體成員的不同分享中，Bonnie自己慢慢認知到，在自己心裡，她變裝或對女性造型的傾向，其真正原因是，她深深感知到自己性別身份其實是女性。Bonnie也提及，這個認知過程並不是一下子的事，當中的幾年，Bonnie一直嘗試思考、摸索一個「答案」：這是不是自己真正的想法，然後不可輕視的問題是——「又會諗如果決定以跨女身份生活，又唔知自己會唔會適應到呢？」

及後，當Bonnie對女性身份更為適應，駕馭聲線方面更有自信時，便敢於從日常的中性打扮，逐漸轉換成所喜愛的女性形象，再經過過程漫長的醫生診治與跟進，考慮不同風險問題後，她仍堅持完成了整個性別肯定手術（前稱性別重置手術）。

從變裝到Cosplay，再發現自己真正的性別認知需求，過程稱得上是一波三折，一步一腳印地慢慢尋找與認知自己的性別身份。當被問及現在還會Cosplay嗎？會跟以往有甚麼不同嗎？「以前係一個做自己嘅方法，而家係單純嘅興趣。」她笑言，她Cosplay時的認真程度還是一樣，但對角色的代入感時部份會更為接近咗，「可能因為身體 （經過性別肯定手術後） ，可以與女性角色更為接近，扮演時也舒服咗」，更說笑「但缺點就係少咗一種挑戰性！（從男性身體扮演出女性造型）」

照著鏡子，你可能在思索今天哪種穿搭較為好看；但跨性別人士所面對的，遠遠不是美學問題，卻是自己的身份認同，絕不是一條裙子、一襲長髮的單純喜好。渴望有一天，所有鏡中人不止可以展現屬於自己的造型，更重要的是，可以無懼展現潛藏於心中自然而然的性別身份。

是醫者，也是患者

跨性別人士 穿起醫生袍時

數不勝數的排期、覆診、配藥、手術⋯⋯跨性別人士較常在醫院出入，這點或許大家都不難想像。但一位跨性別人士到醫院求診過程中，隨時會碰上自己的教授、前輩或工作伙伴？作為一名新紮醫生與跨性別人士，Zephyrus獨特的身份使他從求學、到各醫院實習，都有不一樣的經歷。

一念之別　從微風輕吹到輕生想法

Zephyrus是家中獨生孩子，從小到大，雙親處處保護，亦管教甚嚴。即使初中時已感覺自己更嚮往男性身份與打扮，但礙於家人反對，他自初中後並未再剪短髮，「當時會覺得無咩力量同屋企人傾呢件事，每次都要面對連串嘅阻撓。而且買衫都係屋企人帶我去女裝部買，我揀得落手嘅只係最普通嘅T-shirt、牛仔褲。」

曾有一段長時間，Zephyrus討厭自己日漸發育的身體，穿上校服時都會無時無刻駝著背走路，常常拉扯自己的上衣。看到自己在地上的長髮倒影，也覺得「好憎，接受唔到！」直至在18歲生日前夕，或許乘著即將中學畢業所帶來的勇氣，Zephyrus轉生一念，剪了短髮，周末亦抓緊機會買了人生第一件束胸背心。之後的上課天，他到學校附近商場換上，「我好記得第一次我挺起胸行，唔再怕迎風行路時會好顯現身形，我成個人好似唔同咗，好開心、好享受！」

Zephyrus的男性化裝扮在女校中尚算普遍，同學也見怪不怪，只要不被雙親發現，日子似乎還能過下去。反而在升上大學，首次男女朋輩相處、進入新圈子的擔心，讓Zephyrus出現情緒困擾。「有時，可能我幫佢哋（男同學）一啲嘢，佢哋會覺得好奇怪、唔領情，又或者佢哋會覺得要讓我、幫我。」種種社交上的細節，都提醒著Zephyrus：別人當自己是女生，這種男女之分的體驗是從前在女校時未曾遭遇過的。

同樣一念之間，Zephyrus感嘆「但我連買件男裝衫、剪個髮都咁難，我點同屋企人講我係跨性別男性，需要transition（進行性別過渡）？」「有時候喺街上，見到有中性打扮嘅中年女士，會好驚自己將來變成佢哋咁樣，好可怕、好核突！因為即

係我要一直以女性嘅身份生活，永遠都唔能夠成為心目中嘅自己。」預視未來要以原生性別生活，令Zephyrus深感恐懼，但又害怕家人的不理解，加上醫科沉重的學業壓力，因而出現輕生念頭，慶幸當時他及時向學院的輔導組求助。

終於在Year 4時，Zephyrus向家人坦白，並約見精神科醫生，他向家人說出心底話，父母雖然需要時間消化，但亦用各自各的方法支持他。農曆新年時，親戚問及情況，父親輕輕回答：「我都當佢係仔㗎喇！」儘管母親曾為他跨性別男性的身份，有一段時間經常哭泣，但她還是會主動替自己縫補束衣背心。這都讓Zephyrus十分感動。

學校、實習醫院　原是一個社會縮影

同時，經Zephyrus同意後，輔導員亦代表他與醫學院教職員溝通。會議中，亦有教授表示鼓勵，「有教授都支持，甚至話有學業上嘅問題都可以搵佢。」在大學六年級時，校方在安排實習宿舍時，雖然亦有男同學表示如果需要可以做他的室友，但礙於Zephyrus才剛開始打針及真實生活體驗，因此他最後選擇了折衷方案，住進女生樓層的單人房間，而校方亦將該層的殘疾人士洗手間改名為「性別友善洗手間」。

身體外型與聲音逐漸趨近男性，學校同實習醫院雖然有交代情況，但當中亦偶有問題發生，最初醫院曾反對他使用男洗手間，甚至是作為手術室出入口的更衣室。「佢哋試過話不如唔使入去手術室，個樣考試又唔考，不如你睇片算喇！」亦曾提醒他下次到更衣室有間隔的位置更衣。

「其實即使我唔入間隔，我都係喺角落換衫，其他人最多只會望到我件比較緊身嘅背心。」

撇除學校或醫院的相應對策，有樣事情亦常常令Zephyrus出現尷尬情況，就是他的名字。「醫生個名真係好重要，喺醫院嘅病人、護士、接線員都需要知道醫生嘅姓名，病房及診所等多處都會張貼有關資料。」所以同事間經常會盯著Zephyrus的名牌看，「你個名咁女仔嘅」，或者從名字判斷他為女性。這讓他意識到為著往後的工作要以男性身份生活，即使當時未趕及與家人再次商討，也急需在醫生註冊前更改姓名，使用真正屬於自己的名字。

當公領域與私領域重疊

實習時，Zephyrus亦曾試過在性別診所覆診時，兩次碰見了自己同學在該科實習。「第一次都驚，最後我約咗佢食lunch，自己打開呢個話題，講吓成個流程，由排期、約見，細節上嘅事情分享俾佢知。」

被問及會否在意因為自己是醫生這個身份，而令公領域與私領域有所重疊？「暫時我都未覺得好唔舒服。」同時，Zephyrus亦慶幸自己相較於其他跨性別人士，自己的工作相對穩定，不易因跨性別的身份而受牽連。反之，他會與工作圈子中相熟的同事分享自己跨性別的經歷；亦曾積極問及所實習醫院會否對此議題有興趣，他可以幫忙籌劃分享會。此外，他也是「香港同志醫學會」(HK LGBT Medical Society)的一份子，以專業推動對LGBT+的醫療教育工作，並聯繫LGBT+的醫護人員。

Zephyrus相信，醫護界其實是香港社會的縮影，醫管局可能如其他公司一樣，未有相關對跨性別人士，不論員工或病人的統一政策。「可能佢哋會講呢個patient係trans，入去講嘢小心啲，個preception淨係令人覺得我哋好敏感，好容易被冒犯，但究竟前線醫護人員應該點同跨性別病人溝通呢？暫時都未有實質嘅培訓。」

「如果有需要出樣我都願意。」縱使Zephyrus不會界定自己為activist，但他深信「本地出現各種實實在在嘅跨性別香港人，有普通工作同生活，有助市民大眾認識本地跨性別社群。」他也舉例說，正如他的同學會因著他的緣故，可能對跨性別人士有較多認知。

另一角度而言，Zephyrus認為跨性別人士的身份，讓他對醫護工作有另一種幫助。「除咗可能我會更認識跨性別人士嘅需要之外，作為病者的經歷，可能微小至排

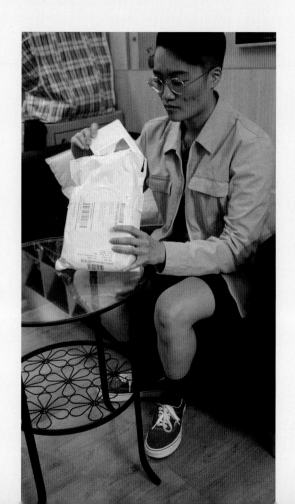

隊攞藥好麻煩，我都會更明白病人嘅睇法同感受。」

Zephyrus在患者與醫護身份的不斷轉換中，讓他對跨性別人士的醫學、推廣教育、公營機構有更多體會，亦希望將來未成年的跨性別人士，可以享有更好的醫學支援。「希望佢哋唔會有我嗰種可怕嘅經歷：自己每日都發育緊，會驚個胸愈來愈大，你明知有一樣嘢可以幫到你，但你又咩都做唔到。畀未成年跨性別人士嘅治療真係好重要！」

勇字當頭　以愛相守

讓親情
「跨」越性別

曾聽過一句話：一個家人生病，其實是一個家庭生了病。意思是沒有一個人是孤島，彼此需要共同面對難題所在。或許，這句話也深切體現在Jenny一家的身上，一切源於兩年前，當時16歲的兒子向她投擲了一個「震撼彈」。

從「係咪有得返轉頭？」到繼續同行

2019年年初某天，兒子向母親Jenny忐忑地說，覺得自己有「性別不安」，希望能接受HRT(荷爾蒙療程)，藉此希望「自己望落去變得女性化，令人哋會當我係女仔」。Jenny大感錯愕，但尚能冷靜回應，「我話好多謝你同我講，但你畀啲時間我消化吓。」心裏不僅感到徬徨失措，孩子口中所說一連串自己從未接觸過的專業名詞也令她無所適從。

是晚，跟丈夫說明，孩子父親同樣難以接受：「係咪有得返轉頭？」她徹夜難眠，不停從網上搜尋資料，希望從中能找到幫助。同時，Jenny不停倒帶回想，由孩子呱呱落地到現在，從無發現在性別認知上與別人有何不同，直言「唔明點解會揀中我？」

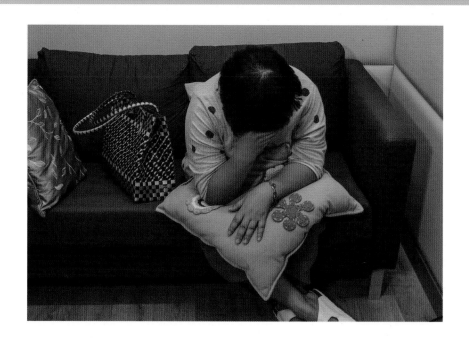

為了得到專業診斷，她與孩子約見相關醫生，儘管兩夫婦心底多麼想否認現實，希望孩子的「性別不安」並不存在；當醫生跟他倆說孩子這是「毋庸置疑」後，Jenny形容為「好似死咗心！」而丈夫則擔心「唔知佢以後點生活！」

慶幸那陣子，他們找到專為跨性別人士服務的非政府機構，電話交談後更上址約見。過去，夫婦二人對於跨性別人士是零接觸、零認知；心中滿是疑問，卻又怕言辭會冒犯對方，可是，透過過來人分享與社工的開解，夫婦由資訊、知識到情感上都得到實質上的幫助與支持。

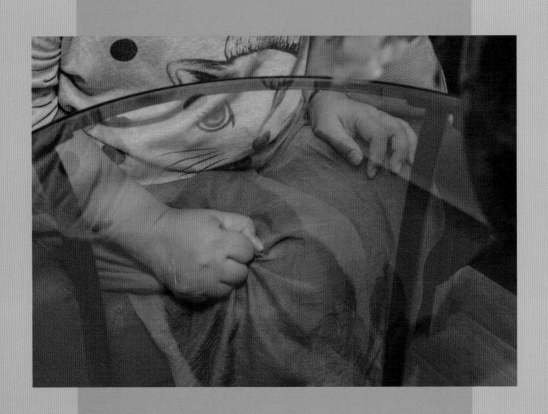

當孩子參加親友聚會時

一家人對孩子的稱謂，從「囝囝」轉成「囡囡」，從「細佬」轉成「妹妹」。而這位「女兒」的心態和行為，也有著Jenny從未想過的改變。

從前，孩子整天宅在家中，即使肚餓也不願出外，更遑論參加親友聚會。如今，她可以選擇喜愛的女性服飾後，反而樂於出外，竟然主動表達想出席家庭飯局，當Jenny好奇原因，女兒回答「想著衫出街」。「可能佢搵到自己嘅image（形象）！」但這下子，反而父母有點兒卻步，不知怎跟親友說起。終於當他們硬著頭皮、鼓起勇氣，先在家庭的訊息群組以文字簡單交代事緣，並指出可以如何稱呼孩子後，出乎Jenny所意料，兩邊的親友也沒甚麼大反應，倒更有親友私下發訊息給她，鼓勵她和孩子。聚會席間，大家也相處如常。Jenny感恩，同時亦表達，即使親友如何反應，也不是天天見面，反而是自己一家如何面對才是最重要。

校服、髮型、洗手間 每天不停拆局

家庭方面尚算平穩過渡，但學校方面卻不然。即使醫生評估後，認為Jenny孩子適合從個人形象方面作出調整，並展開「真實生活體驗」（Real-life experience，指跨性別者會以其認同的性別身份去生活，以確定適應以該性別去生活與否）。但校方仍然對醫生與教育心理學家的意見置若罔聞，教師們堅持以男學生的儀容準則規範她，讓跨性別孩子的日常學習生活大受到影響。原以為已經與校方協調，以性別中性的體育服替代，但「囡囡學生證張相班主任也唔收，原因係話佢無著整齊校服！」

學校洗手間問題也讓Jenny一家十分困擾，校方希望女兒繼續使用男洗手間，大玩文字遊戲「學校覺得你話唔去男洗手間，咁除去『男洗手間』四個字咪得！」校方未能安排性別友善或殘疾人士洗手間，經過Jenny多番斡旋之後，校方提出的最後折衷方案是要女兒在小息後，通知老師安排學校職員／校工到女洗手間「清場」後才能使用，「老師就話平時佢最好就唔好去廁所喇！」

「我唔會叫小朋友同學校對抗，我要教佢尊重，但去到呢個地步真係好困難。」她明白女兒遭遇到朋輩的言語欺凌、老師的不理解，不一定每次也跟家人說明，孩子或會將委屈藏在心裏，這多少亦解釋到她時而拒學的原因。

Jenny自己形容「每日都好似不停拆局咁，希望畀到個好啲的環境佢成長！雖然小朋友仲係有時會覺得唔夠，會有情緒......」訪問席間，她也嗚咽道：「有時夜晚都會喊，喊咗就會好啲。」除了寫日記紓解情緒，她亦恆常參加跨性別人士的家長支援小組，「唔一定講，就算係聽，都會幫到自己平衡吓！」聽過許多父母未能接納跨性別孩子，將孩子趕出家門，或因而導致父母雙方有分歧，Jenny也慶幸自己「都叫婚姻美滿」。丈夫雖然萬般滋味在心頭，不願面對這事實，卻一直默默陪著Jenny和孩子走下去。

「繼續與孩子同行」是Jenny常常提起的一句話，但她以自身經歷告訴我們，與其說這句話是故事的結局，更像是一段段經歷的開始，在生活的每一天實踐起來可能困難重重，「唯有心口一個勇字，唔係話叫你去做fighter，而係去接納！」

陽光灑落在
屬於我的形狀，
和我們的愛

有沒有想過有一天，每個人對自己身體性別的想像，能夠忠於自我地實現。那些讓自己難堪的「多餘」，終於能摒棄，不用再苦苦承受，那些所「缺少」的，終於給自己找回來。

這個想法，「跨仔」Charlton曾用簡單俐落的線條，生動有趣地以圖畫繪畫出來。眼前的他，形象外向、愛說話，與戀人Joey合起來，儼然就是一對歡喜冤家，總不會有悶場，帶著一股快樂的感染力，讓旁人也變得開朗起來。快樂得就如普通情侶？還是根本就是一對普通情侶？

害怕被誤解 在不斷解釋中成長

談起對自己性別認同的感覺，Charlton毫不猶豫地說，「其實，我幼稚園已經有呢種感覺。」孩提階段雖然對性別不安難以言喻，但總是發現自己未能符合與世界的框架。「人地鐘意玩Barbie，我就唔係，亦唔鐘意著校服裙，媽咪問我想要咩髮型，我答我要龍珠頭。」慢慢長大，不論衣著或行為都較為男性化的Charlton亦會思考當中原因，「我曾經有段時間以為我嘅諗法源於Feminism(女性主義)，但後來發現其實唔係。」當自己所有喜好、選擇，都與主流的既定答案不一樣，他感覺自己總是需要向別人解釋「為甚麼」，對此感到疲倦。

在未察覺自己具有性別不安前，Charlton亦有兩段戀情，但他甚少在街上有任何較親密的舉動，就連牽手也不會。「我唔想人哋覺得我哋係lesbian(女同性戀者)」，不是因為害怕別人歧視或異樣的目光，而是打從心底裡，Charlton不覺得自己是同性戀者，更不是「TB」（Tomboy）。

坦白面對自己及交往對象

大學畢業幾年後，Charlton漸漸理解自己為「性別不安」，亦經過醫學診斷、評估，毅然決定逐步進行「性別確認/肯定」（Gender Affirming）的方案。而正正在他開始接受荷爾蒙療程時，便在工作崗位認識到當時同事、現時戀人Joey。

就如普通情侶的相識經過，彼此分享著共同愛好——日本動漫和劇集《大叔的愛》，逐漸互有好感。正式交往前，素來在公司保密的Charlton向Joey道明了自己跨性別者的身份，Joey也早已猜到一二。但對他們來說，確定彼此願意溝通、性格合適才是最重要，也因此走在一起。

剛剛過去一年間，Charlton經歷喪母之痛及其他失意事情，Joey也在他旁邊守候，在Charlton泰國進行性別肯定手術後，Joey也隨即飛往當地陪同他康復。「嚴格嚟講我去到時已過咗佢最痛嘅階段，都係陪佢消磨時間。」雖然Joey說得輕描淡寫，但Charlton立即補充：「其實仲係好痛好痛，只係有妳嘅陪伴，分散咗注意力。」

感情事，只關乎二人嗎？

Charlton和Joey均認同在感情關係，彼此明瞭才是最重要，自己的人生，外人知與不知又何妨。沒有共同朋友，二人也沒有帶伴侶出席自己朋友間的聚會。Joey有跟好友說明自己正在拍拖，但無透露男朋友是跨性別人士。「我相信如果我真係講，絕大部份朋友應該都無咩問題，佢哋都好open-minded。」

Charlton在旁亦說：「如果講咗，佢嘅朋友對我嘅形象就一定會加咗跨性別。曾經我有私心，係希望自己用最完整、100%嘅形象出現喺妳（Joey）朋友面前，但而家已經冇咗呢種想法。」他明言，如果有一天Joey期望與好友談論感情問題時，透露自己跨性別者的身份給她朋友理解亦無不可。

朋友如此，父母又如何？Joey覺得需要向家人坦誠溝通，早已說明自己交往的對象為跨性別人士。「聽完佢哋無回應，可能需要消化。第二日我再問返媽咪，亦都驚自己當時有情緒，講得唔清楚。」家人沒有抗拒或反對，反而更關心對方性格、健康、彼此相處等有關方面。Joey認為，假設有天自己是與同性戀人交往，亦會跟家人說明，但不諱言「可能佢哋仲易理解係咩」，畢竟跨性別議題對他們而言頗為陌生。

拍攝當天，二人在草坪上嬉戲、談天說地，彼此間好像有說不盡的話題。炎炎陽光照射在Charlton和Joey身上，成了一對倒影，不會看得出是跨性別與否，就只是一對普通情侶的倒影，是愛情的形狀。

書　　　名	與自己重逢的生命旅人——幾個關於跨性別人士的故事	
作　　　者	性別空間 Gender Empowerment	
撰　　　文	陳康翹	
校　　　對	溫澤仁	
攝　　　影	Alex Li	
設　　　計	Saki Chan	

出　　　版	超媒體出版有限公司
地　　　址	荃灣柴灣角街 34-36 號萬達來工業中心 21 樓 02 室
出版計劃查詢	(852) 3596 4296
電　　　郵	info@easy-publish.org
網　　　址	http://www.easy-publish.org
香 港 總 經 銷	聯合新零售（香港）有限公司
出 版 日 期	2022 年 7 月初版——500 本
圖 書 分 類	SOGIESC / LGBT / 人物故事
國 際 書 號	978-988-75021-4-2
定　　　價	港幣 60 元正
承　　　印	雅聯印刷有限公司 allion printing co. ltd.

性 別 空 間
Gender Empowerment

電　　　話	6120 9810
電　　　郵	info@genderempowerment.org
網　　　址	http://www.genderempowerment.org

由政制及內地事務局平等機會（性傾向）資助計劃資助拍攝，
此刊物內容並不代表香港特別行政區政府的立場。